Maravilhas do
Corpo Humano

Alejandro Algarra **Marta Fàbrega**

Tradução
Monique D'Orazio

Sumário

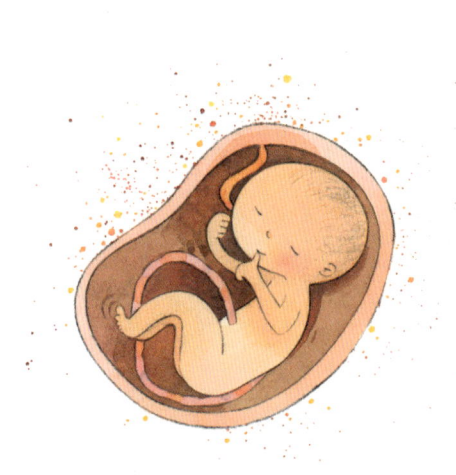

4

Somos todos diferentes e especiais...

Todos nós somos diferentes. Não é maravilhoso? Cada pessoa é diferente de todas as outras. Ninguém tem olhos exatamente iguais aos seus. O seu rosto pode se parecer com o de alguém da sua família, mas não é exatamente igual. Até mesmo os gêmeos idênticos são um pouquinho diferentes.

Você sabe que algumas pessoas são mais altas e outras, mais baixas; algumas têm pele ou cabelos mais claros, outras têm pele ou cabelos mais escuros. Você pode afirmar sem hesitar: eu sou único!

6

... mas, ao mesmo tempo, somos todos iguais

Somos todos iguais. Você não acha isso maravilhoso também? Embora sejamos únicos e diferentes de todas as outras pessoas, basicamente temos o mesmo corpo. O que isso significa? É simples: o seu corpo é semelhante ao dos seus pais, dos seus avós e dos seus vizinhos. É também semelhante ao de uma garota que vive do outro lado do mundo, em outro país com clima e cultura diferentes. O corpo humano sempre tem os mesmos ossos, os mesmos músculos, os mesmos órgãos e os mesmos sentidos. Todos os corpos têm pele, cabelo, unhas...

Pequenas, mas importantes: células

Somos compostos por bilhões e bilhões de células. Mas o que é uma célula? As células são, para o corpo, o mesmo que os tijolos são para uma casa. Elas são tão minúsculas que você não consegue enxergá-las, mas estão lá: formam a sua pele, os seus ossos, os seus órgãos... todo o seu corpo. As células são vivas: nascem, crescem, respiram, se movem e se dividem. Existem muitos tipos de células, cada um com a sua função. Uma única célula não faz muita coisa sozinha, porém, quando muitas delas se juntam, podem fazer coisas incríveis.

Um monte de OSSOS

O esqueleto é uma das partes mais importantes do corpo. Ele é composto por um grande número de peças – os ossos –, todas interconectadas.

Existem ossos longos e ossos planos, ossos extremamente pequenos e ossos muito grandes. Quantos ossos você acha que temos? Quando nascemos, temos mais de 300, mas, à medida que crescemos, alguns se unem e acabamos com 206. Ainda é bastante!

Encéfalo

Crânio

Ossos que protegem

Toque a sua cabeça. Você sente como é dura? Os ossos são muito duros para proteger diversas partes importantes do corpo, que são muito moles e frágeis. O crânio é um grupo de ossos da sua cabeça. Ele protege o encéfalo, da mesma maneira como a casca de uma noz protege a polpa macia que há dentro dela. Outros ossos extremamente importantes do corpo são as costelas, que protegem os pulmões e o coração, e a coluna vertebral, que protege uma parte do sistema nervoso.

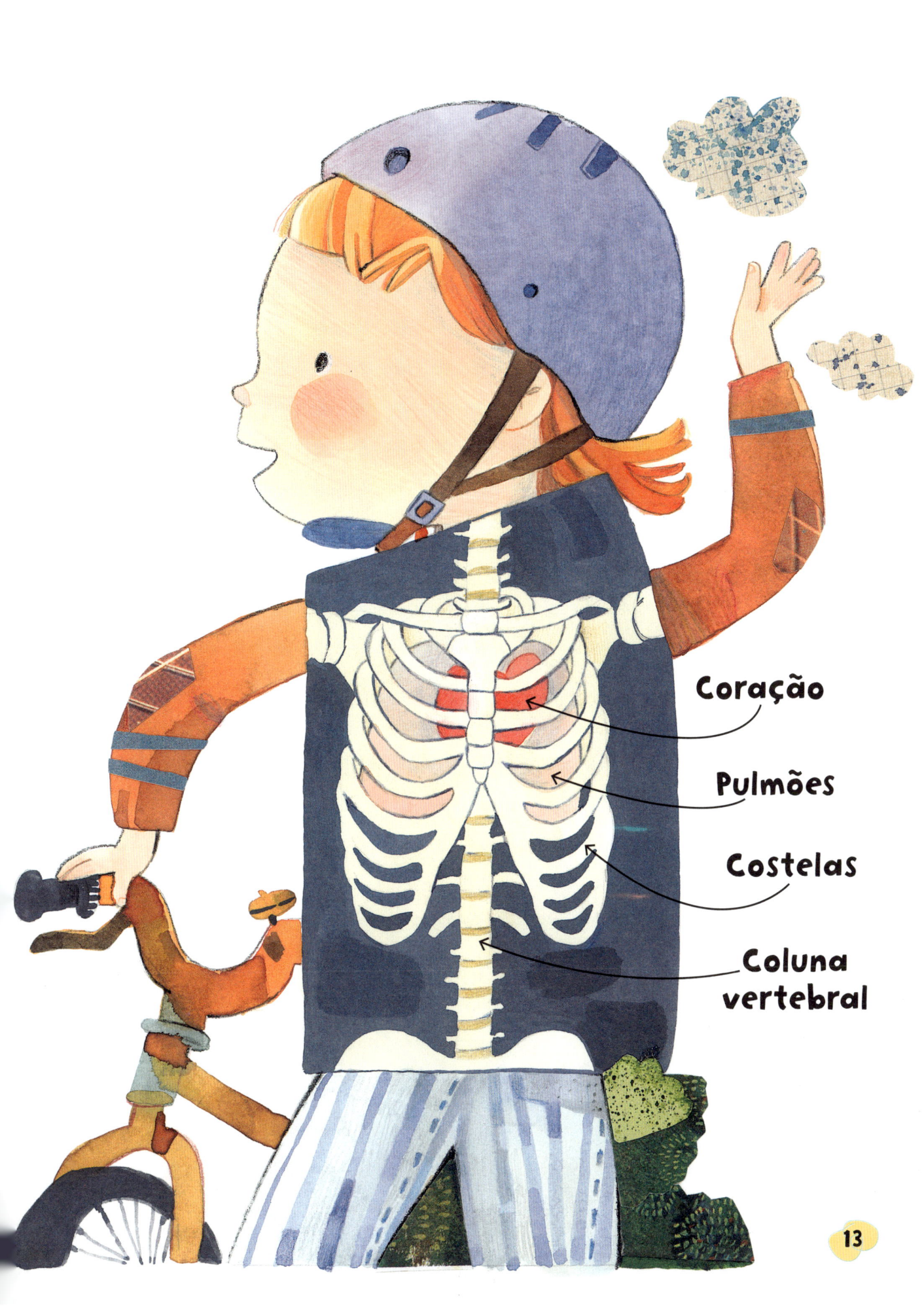

Coração

Pulmões

Costelas

Coluna
vertebral

Ossos para nos movimentarmos

Além de proteger os órgãos, alguns ossos ajudam a manter as partes do seu corpo unidas e a sustentá-lo. Os ossos também permitem que você se mova e faça coisas como pular, correr, desenhar e escrever. Esses ossos estão nas pernas e nos braços, e também nas mãos e nos pés. Se você não os tivesse, não conseguiria ficar em pé, arremessar uma bola ou segurar um garfo. A coluna vertebral, que percorre as suas costas, também é muito importante: ela sustenta a sua cabeça, que é bem pesada!

O que acontece quando quebramos um osso?

Os ossos são muito duros – nós já sabemos disso –, mas são frágeis também. Quando algo é duro, mas pode quebrar se for atingido com força, por exemplo, dizemos que é frágil. Se você escorregar e cair, pode quebrar um osso. Felizmente, os ossos se curam bem rápido. Para garantir que o osso não se mova e que sare de forma correta, o médico vai colocar um gesso em você. Em pouco tempo, o corpo vai reconstruir o osso e, em breve, você vai poder correr e pular de novo, como antes.

Meus ossos crescem: eu cresço

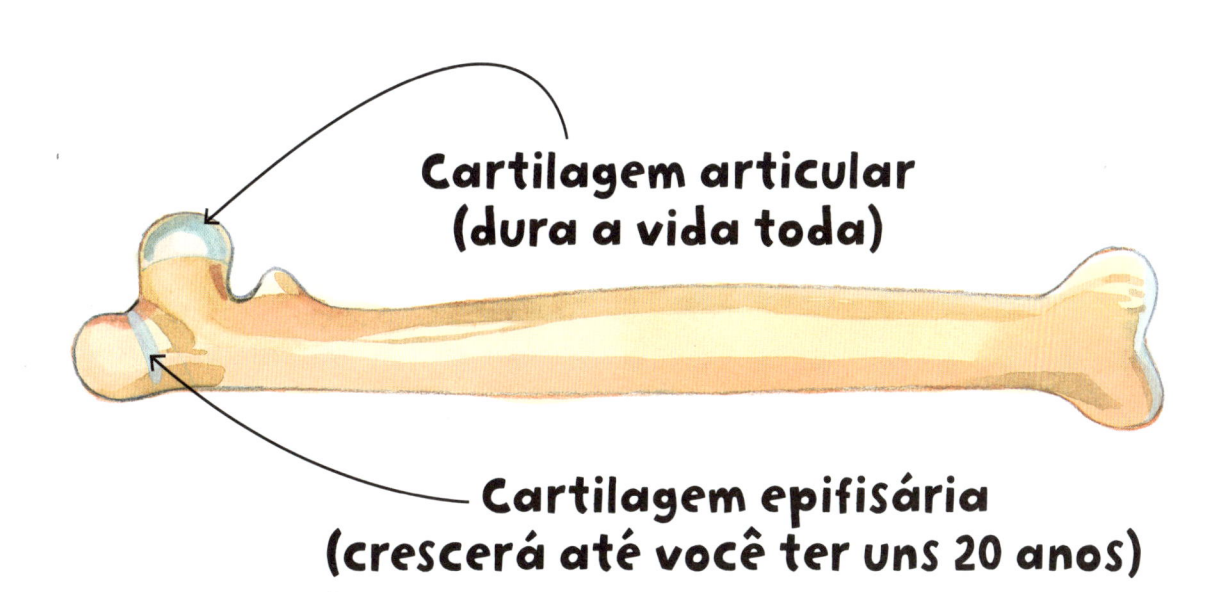

**Cartilagem articular
(dura a vida toda)**

**Cartilagem epifisária
(crescerá até você ter uns 20 anos)**

Os ossos longos – como os dos braços, das pernas e dos dedos – crescem, e é por isso que o seu corpo cresce. Durante a infância, os ossos não são tão rígidos: uma parte é feita de cartilagem, que não é tão dura. É por isso que os ossos podem crescer. Quando você tem uma dieta rica em leite, queijo, frutas e legumes, os seus ossos crescem saudáveis e fortes. Quando toda a cartilagem epifisária endurece, por volta dos 20 anos, paramos de crescer.

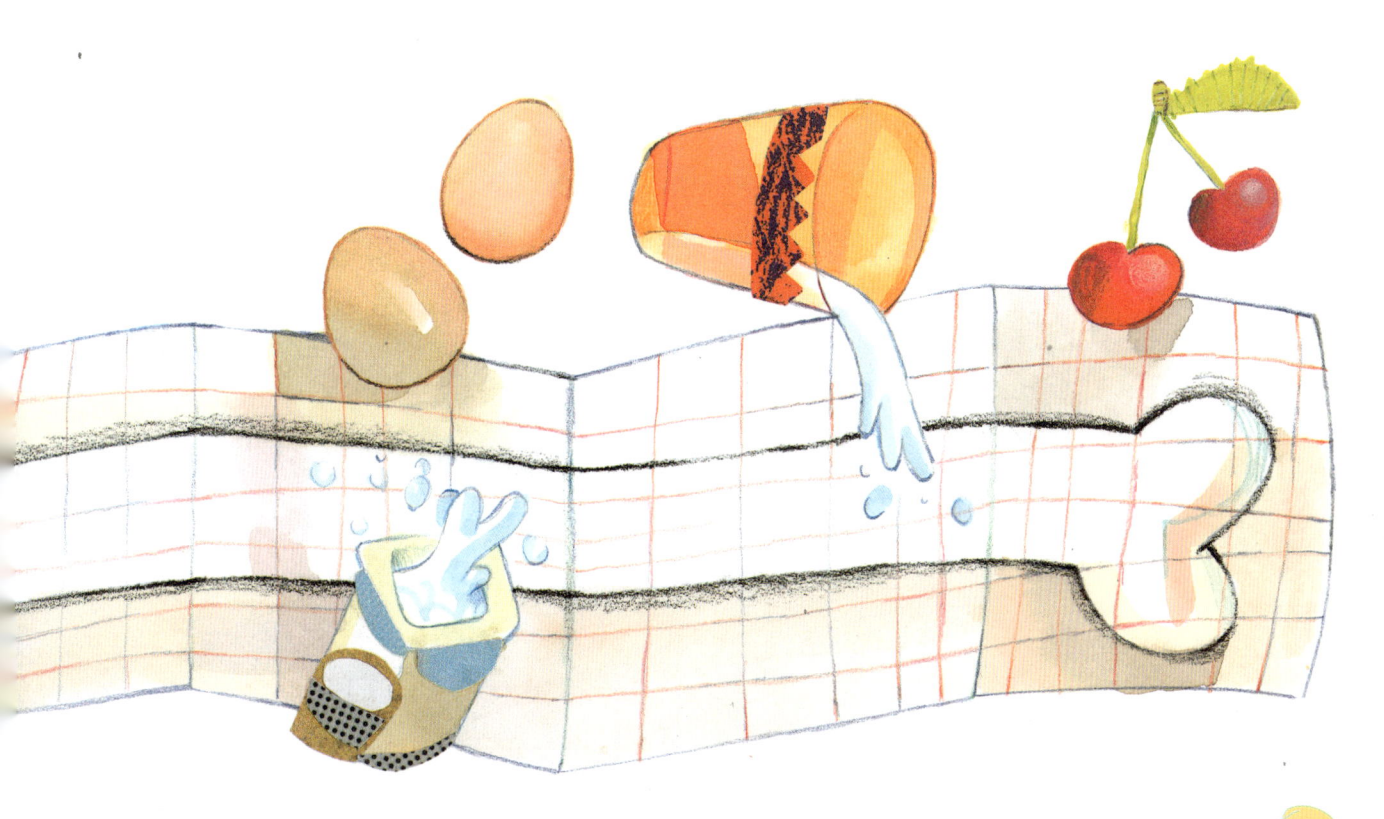

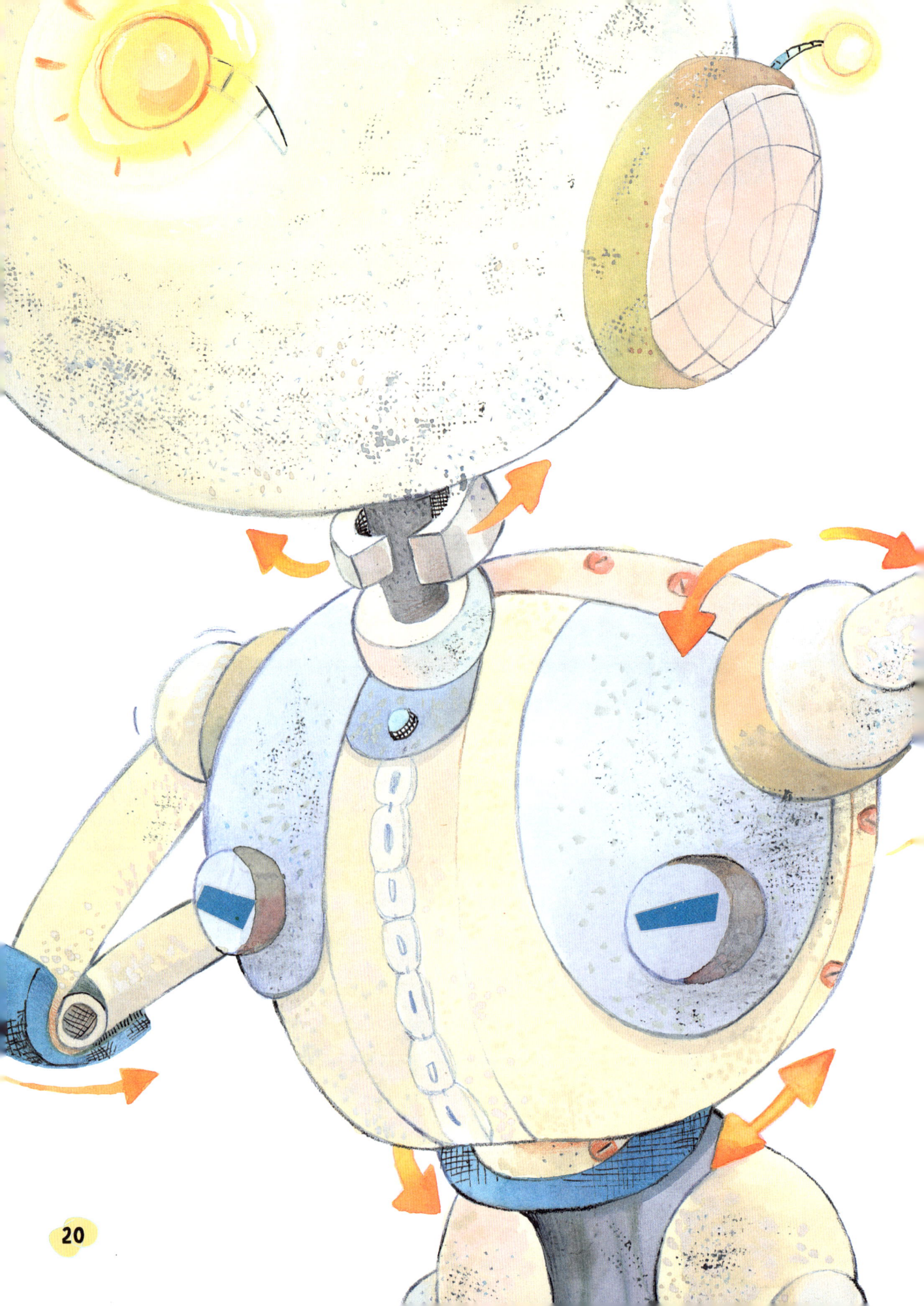

O corpo em movimento

Os ossos não conseguem se mover sozinhos. Eles precisam trabalhar com os músculos, que envolvem o esqueleto e são conectados aos ossos. Você pode se mover graças aos ligamentos, aos tendões, às cartilagens e aos músculos.

Nos lugares onde um osso se junta a outro há uma articulação. Onde você imagina que estão as suas articulações? Você tem articulações na mandíbula, no pescoço, nos cotovelos, nos punhos, nos dedos, nas costas, nos joelhos, nos tornozelos...

Músculos aos pares

Quantos músculos existem no corpo humano? Alguns cientistas afirmam que são mais de 600, enquanto outros dizem haver mais de 800. Os músculos têm muitas formas diferentes. Alguns são planos, como os do tórax, e outros são longos, como os dos braços e das pernas. Existem também alguns redondos, como os que estão ao redor da boca e dos olhos. Os músculos trabalham em pares. Quando um se estica, o outro encolhe, e vice-versa. É assim que nos movemos!

Eu estendo e flexiono o meu braço

Dobre o seu braço. Quando você faz isso, o bíceps, um músculo sobre o osso chamado úmero, puxa o antebraço. O bíceps se encurta, por isso o seu "muque" fica maior. Há outro músculo atrás do úmero – o tríceps – com a função oposta: quando o bíceps se encurta, o tríceps se alonga. O resultado é que o seu antebraço se move ou, em outras palavras, você dobra o braço na altura do cotovelo. Quando você estende o braço, o oposto acontece: o tríceps se encurta e o bíceps se alonga. Fácil!

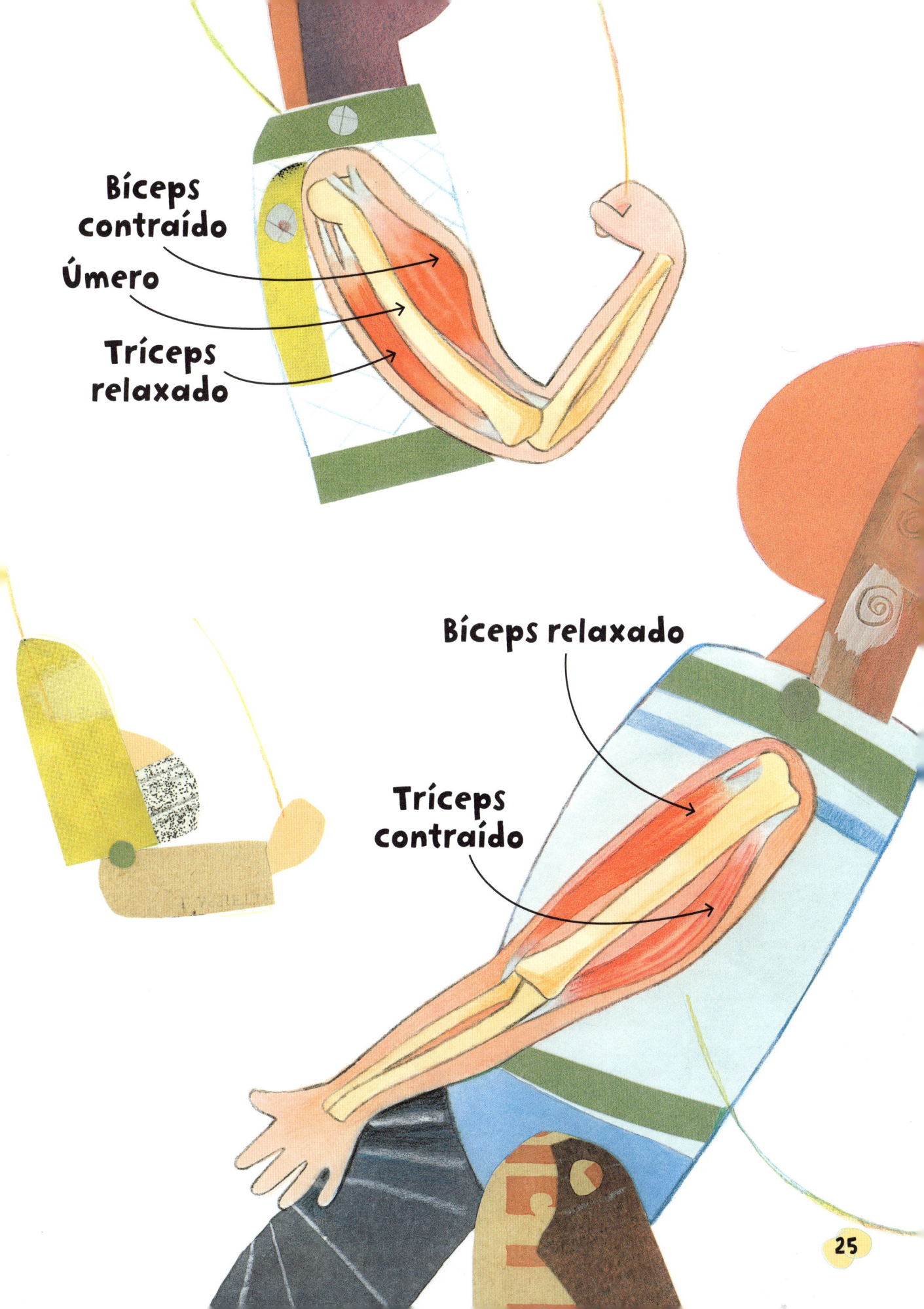

Bíceps contraído

Úmero

Tríceps relaxado

Bíceps relaxado

Tríceps contraído

Músculos para nos expressarmos

Nós temos mais de 40 músculos no nosso rosto. Alguns estão ao redor dos olhos, outros nos permitem mover as sobrancelhas, e outros estão ao redor dos lábios, permitindo que a gente abra e feche a boca. Outros músculos levantam as nossas bochechas quando sorrimos ou enrugam a nossa testa quando estamos preocupados.

Tente fazer a careta mais engraçada que você conseguir imaginar: levante as sobrancelhas; enrugue o nariz; sorria com a boca torta e coloque a língua para fora. Você acabou de usar muitos músculos para fazer isso!

Exercite-se!

Os músculos crescem quando você se exercita. Quando você corre, pula, joga futebol ou anda de bicicleta, o seu sistema muscular cresce e fica forte. Você já ficou com o corpo rígido e dolorido? Dói, não é? Isso acontece quando você se exercita muito ou passa tempo demais sentado sem se mexer. Para ter músculos saudáveis e fortes, além de se exercitar, é importante comer carne e peixe (proteínas) e frutas e legumes (carboidratos e vitaminas).

O motor
do meu corpo

No corpo existe um músculo forte e muito especial que é diferente de todos os outros. Ele fica no meio do seu tórax, um pouquinho para o lado esquerdo. Sabe de qual órgão estamos falando? Ele é oco por dentro, como se fosse dividido em quatro câmaras. Se comparássemos o corpo a uma máquina, esse órgão seria o motor. As máquinas não funcionam sem um motor, assim como o corpo não pode funcionar sem o coração.

Batimentos
cardíacos

Coloque a mão no peito. Consegue sentir os batimentos? Tum-TUM, tum-TUM, tum-TUM, tum-TUM... O coração bate o tempo todo, dia e noite, quando você está dormindo e quando está acordado. Ele estava batendo antes de você nascer e vai bater sempre, durante toda a sua vida. Ao contrário dos músculos que você consegue mover, esse músculo funciona sozinho. A cada batimento, o sangue se move para todo o seu corpo. Em seguida, volta para o coração.

Um líquido vital

O coração bombeia o sangue, um líquido vermelho que percorre todo o seu corpo. Se você observar uma gota de sangue com um microscópio (um dispositivo que permite que a gente veja coisas minúsculas e invisíveis a olho nu), verá que mais da metade do sangue é água. E ele também contém diferentes tipos de células que desempenham muitas funções diferentes. A função mais importante do sangue é levar alimentos e oxigênio para todas as células do seu corpo. Cada uma delas!

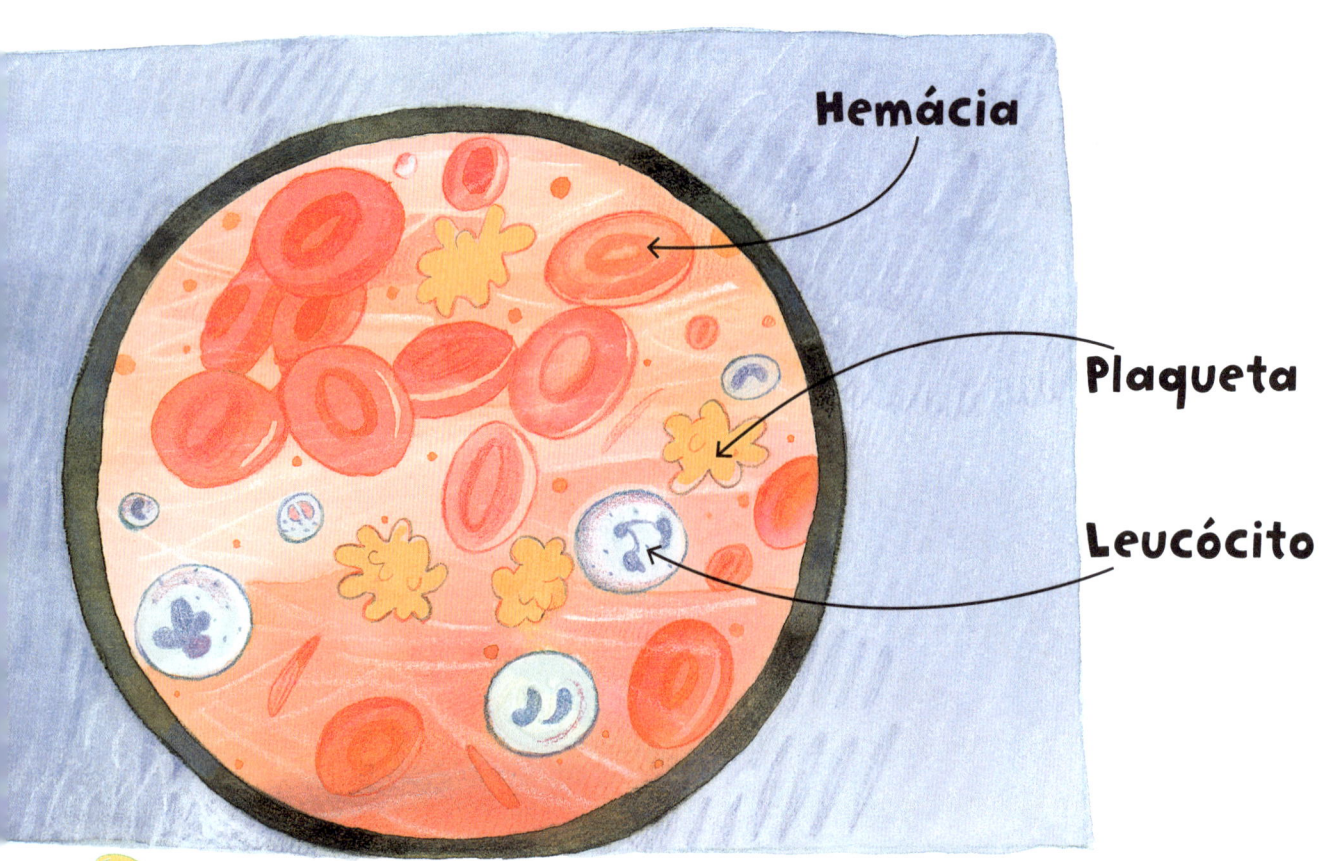

Hemácia

Plaqueta

Leucócito

Gota de sangue

A mistura perfeita

O sangue carrega as hemácias, os leucócitos e as plaquetas. As hemácias transportam oxigênio para todo o corpo; os leucócitos são os guardiões do corpo: eles impedem que micro-organismos ou outros inimigos entrem; e as plaquetas ajudam a cicatrizar ferimentos. O sangue contém também água, sais, gases, açúcares, proteínas, gorduras e várias outras coisas. Ele é a mistura perfeita que conecta todos os sistemas do seu corpo.

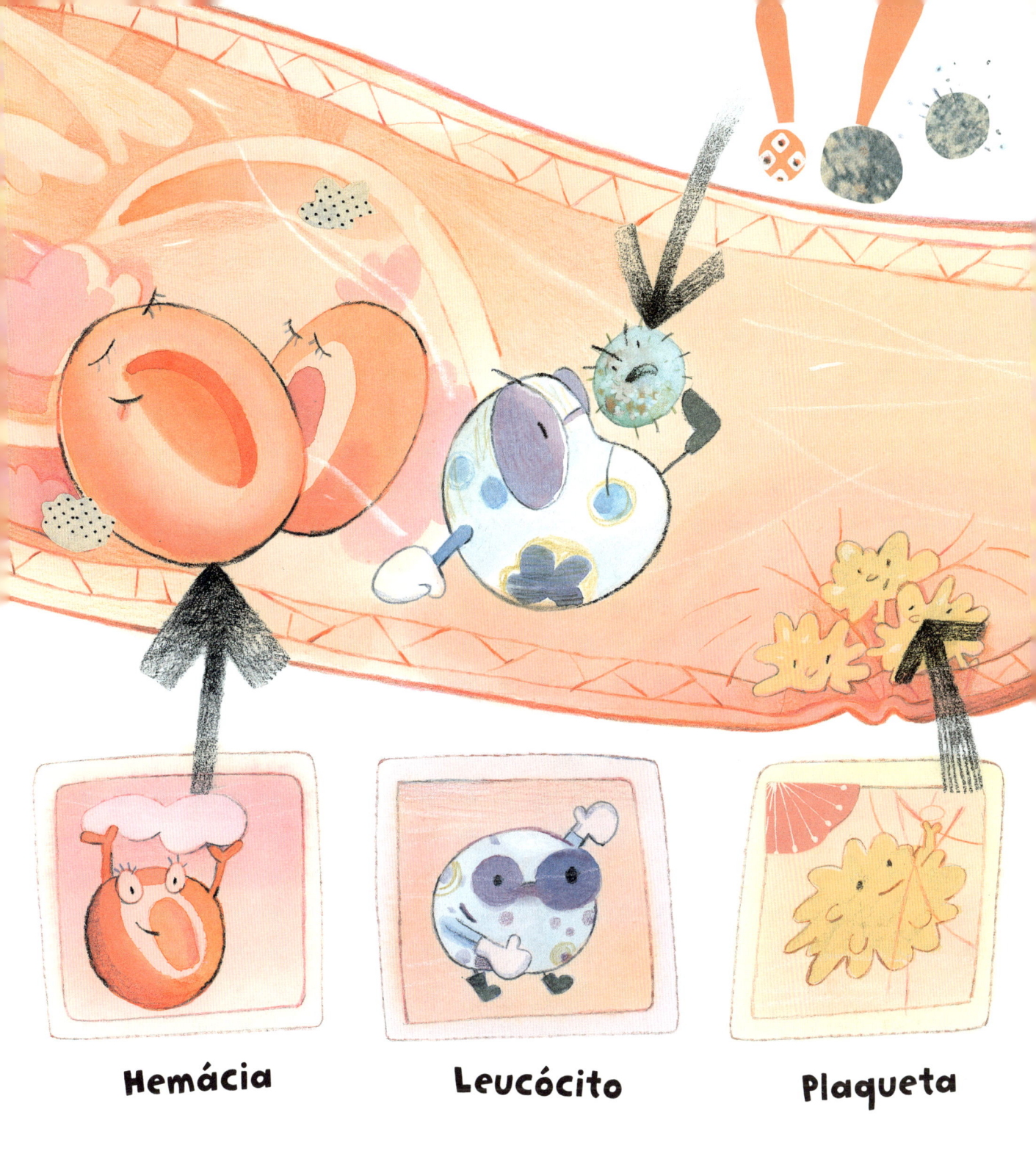

Hemácia

Leucócito

Plaqueta

Vias de transporte

Por onde o sangue corre? Ele sempre viaja em um circuito fechado, como se fossem as estradas e rodovias de um país. As artérias são tubos que carregam o sangue que sai do coração, e as veias são tubos que levam o sangue de volta ao coração. Entre as veias e as artérias existem pequenos tubos estreitos, chamados capilares, que levam o sangue para todas as células do corpo. Quer ver as suas veias? Se você olhar na parte interna dos seus antebraços, vai conseguir vê-las facilmente.

Outras funções do sangue

Os leucócitos patrulham todo o sistema circulatório; são como guardas de trânsito. Se encontrarem um invasor, como algum micro-organismo, os leucócitos são responsáveis por removê-lo para que não prejudique você. Eles ajudam a proteger você para que você não fique doente. As plaquetas têm uma função diferente: quando você cai e se machuca, elas são responsáveis por cobrir o ferimento para que você não perca sangue, e também ajudam a formar uma crosta. Quando a ferida cicatriza, a crosta cai. Valeu, plaquetas!

Mantendo o nosso sangue limpo

As células produzem "lixo" enquanto realizam suas tarefas diárias. Há um tipo de resíduo chamado "ureia", que o sangue precisa recolher logo que ela é formada. Os rins são os órgãos responsáveis por filtrar o sangue. Eles removem a ureia coletada das células e produzem a urina. Você tem dois rins, que ficam na parte inferior das suas costas, um em cada lado. Eles têm mais ou menos o tamanho do seu punho e o formato de um feijão. O seu sangue passa através deles o tempo todo.

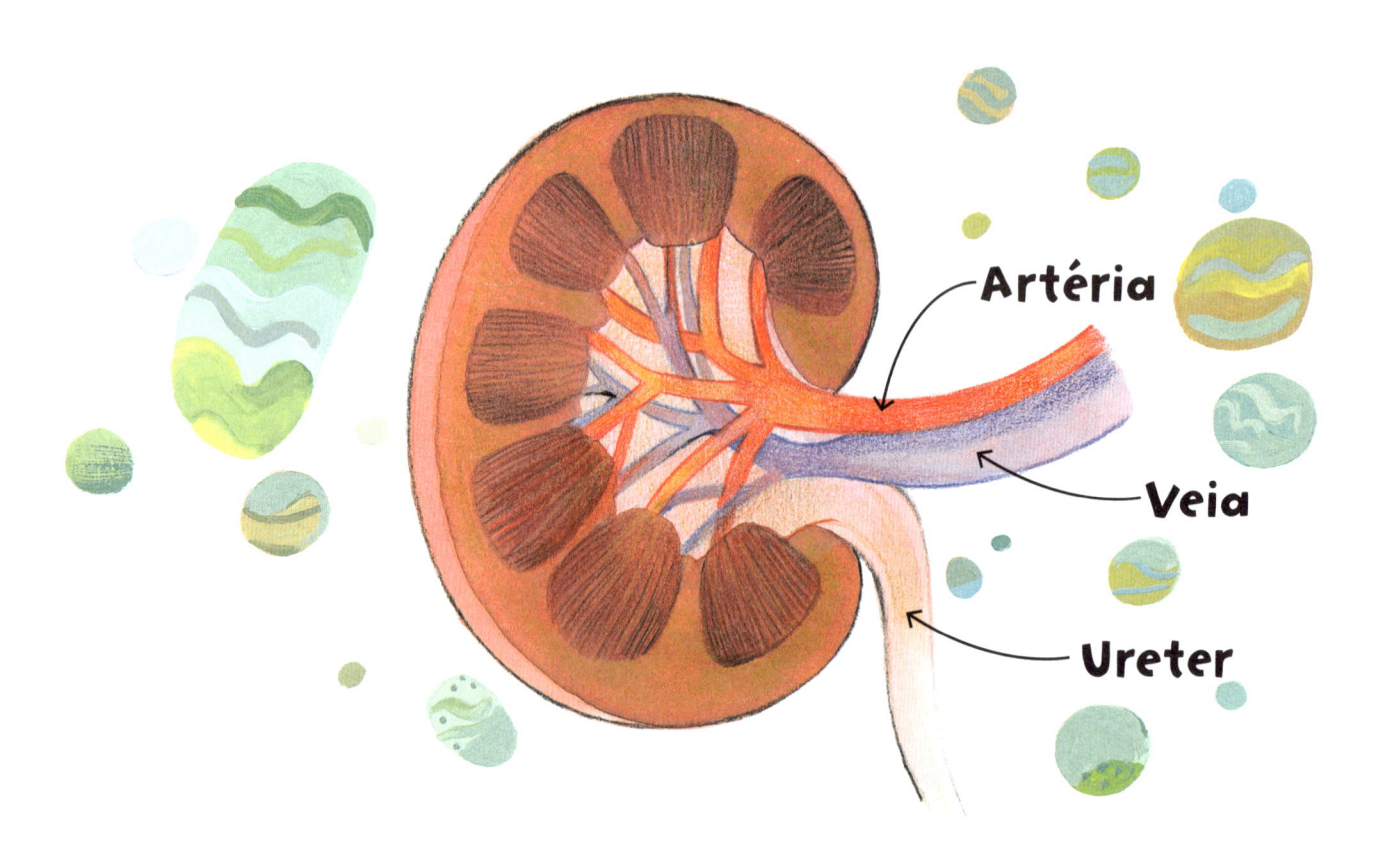

Artéria

Veia

Ureter

Rim

Ureter

Bexiga

43

Preciso fazer **xixi!**

Tenho de ir ao banheiro!

Além de produzir urina, os rins ajudam a manter aproximadamente constante a quantidade de água do seu sangue o tempo todo. As pequenas gotas de urina que os rins coletam descem lentamente por dois tubos chamados ureteres. Eles estão ligados a um órgão em forma de balão – a bexiga – que coleta todo o xixi. Quando a bexiga está cheia, ela avisa o encéfalo, e o encéfalo avisa você: "Tenho de ir ao banheiro!". Por fim, a urina sai por um último tubo: a uretra.

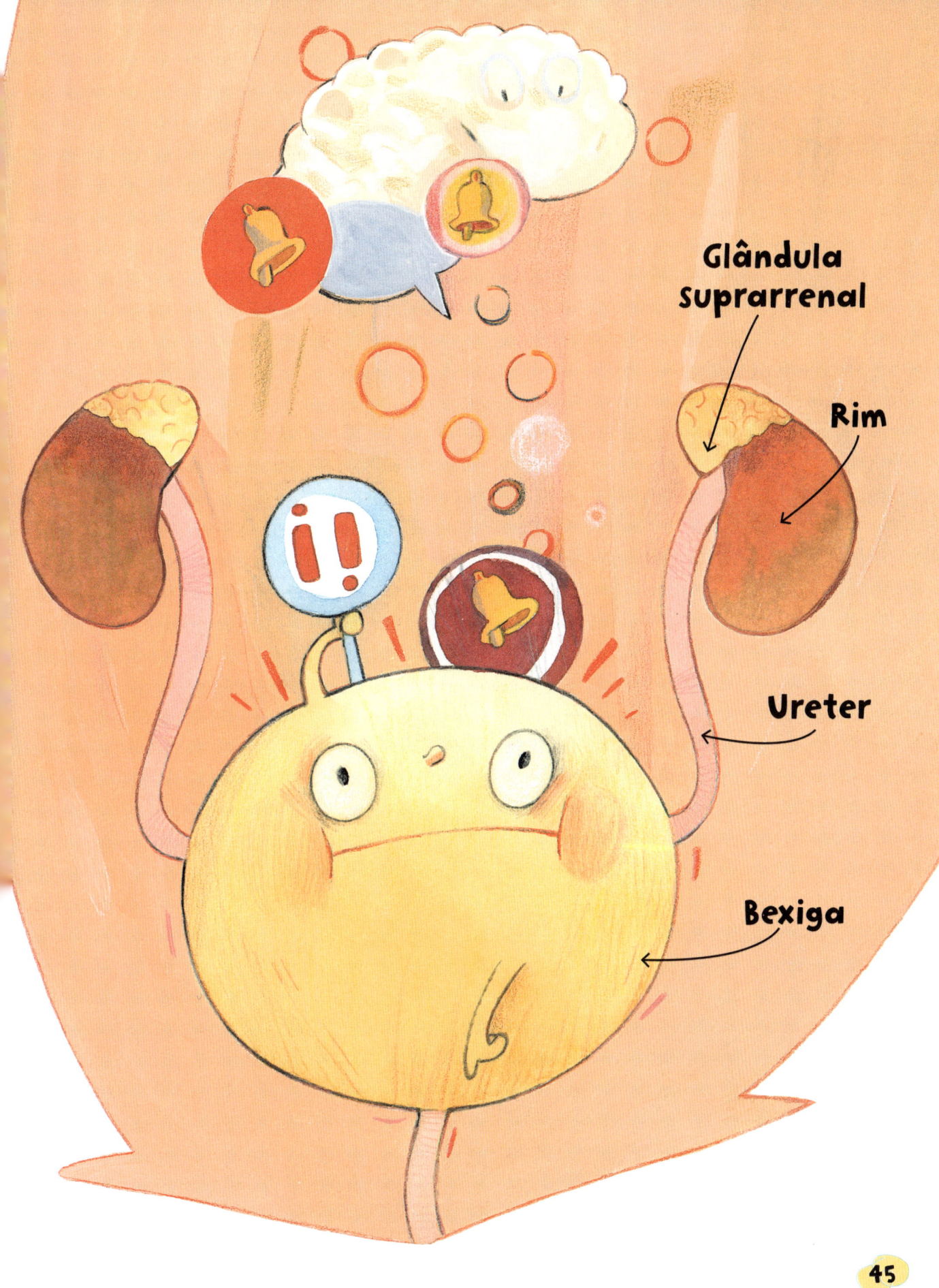

Glândula
Suprarrenal

Rim

Ureter

Bexiga

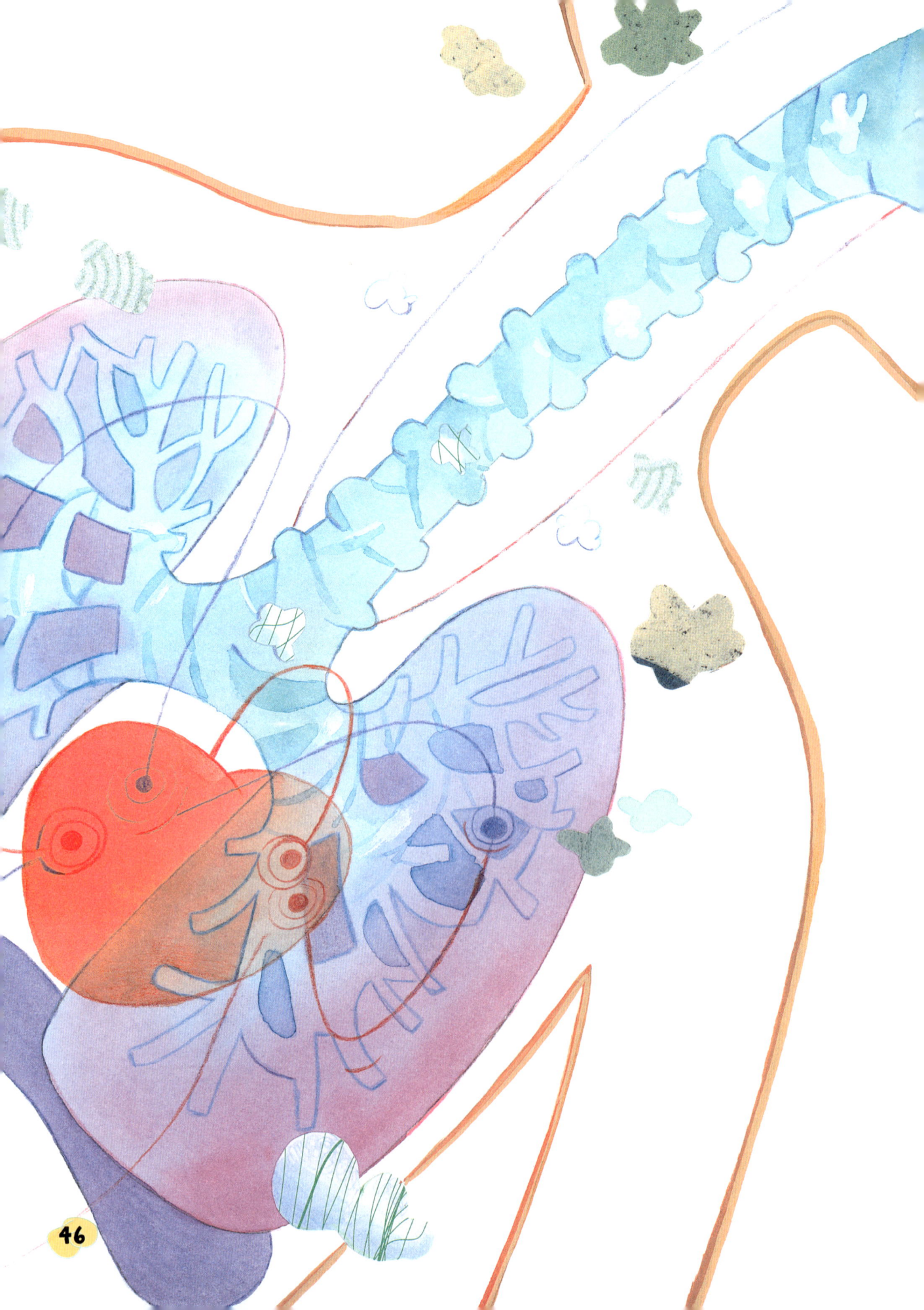

Pulmões para respirar

Quando você nasceu, começou a respirar e continuará respirando durante toda a sua vida. Mas o que a respiração faz? Quando você respira, o ar entra nos seus pulmões. O ar contém um gás muito importante para os seres humanos: o oxigênio. O sangue transporta o oxigênio do ar que está nos seus pulmões. Para ter energia, as células precisam de oxigênio, que funciona como a gasolina em um carro.

Inspiração

Pulmões cheios

Diafragma para baixo

Inspire...

expire...

Expiração

Pulmões vazios

Diafragma para cima

Inspire o máximo de ar que conseguir. Percebeu como o seu tórax se expande? Isso é o ar enchendo os seus pulmões. Você inspirou. Agora, sopre todo o ar para fora e perceberá que os seus pulmões estão vazios. Você expirou. A respiração funciona assim: inspire, expire, inspire, expire, inspire, expire... Você não precisa se lembrar de fazer isso o tempo todo, porque o encéfalo coloca os pulmões no "piloto automático" para garantir que você respire sem parar, mesmo quando está dormindo. Não é incrível?

Por que eu soluço?

O ar se move por todas as partes do sistema respiratório, incluindo os pulmões: nariz, laringe, traqueia, brônquios, bronquíolos e, no fim, os alvéolos. Todos nós temos um músculo especial embaixo dos pulmões: o diafragma. Quando ele desce, os pulmões se expandem, e quando ele sobe, os pulmões se esvaziam. Se você engole ar sem querer, o diafragma se move rapidamente para cima, para expulsar do seu estômago esse intruso irritante, e você soluça!

Laringe

Traqueia

Brônquios

Bronquíolos

Alvéolos

Diafragma

Tosse e espirro

As vias respiratórias precisam sempre estar livres para que o ar possa entrar e sair. Quando a sua garganta coça, acontece um reflexo chamado tosse. Isso acalma a coceira e elimina o que quer que esteja preso na garganta.

O espirro é diferente. Quando você está prestes a espirrar, tem uma sensação estranha de formigamento no nariz. Então, sem conseguir impedir, você expulsa todo o ar e o muco do nariz, e pode até ficar com lágrimas nos olhos. Isso ocorre porque o seu corpo está mantendo livres as vias respiratórias.

Dobras quase mágicas

Existem dobras na laringe chamadas "pregas vocais". Quando você respira, as suas pregas vocais estão totalmente abertas para que o ar possa passar. Mas, quando você fala, elas se abrem e se fecham para mudar os sons. O ar que sai vibra e forma sons mais agudos ou mais graves ao passar por essas dobras. Graças às suas pregas vocais e à posição da sua língua, dentes e lábios, você consegue pronunciar diferentes letras, palavras e frases. Parece mágica!

Pregas vocais abertas

Pregas vocais fechadas

Dentes diferentes para funções diferentes

Você já viu um golfinho com a boca aberta? Se você pudesse olhar de perto, veria que todos os dentes dele são iguais. Agora, abra a boca e olhe os seus dentes no espelho. São todos iguais? Não! Eles são diferentes, porque cada tipo de dente tem uma função distinta. Os incisivos cortam os alimentos; os caninos são usados para segurar alimentos como carne; e os pré-molares e os molares são responsáveis por mastigar bem todos os alimentos antes de você engolir.

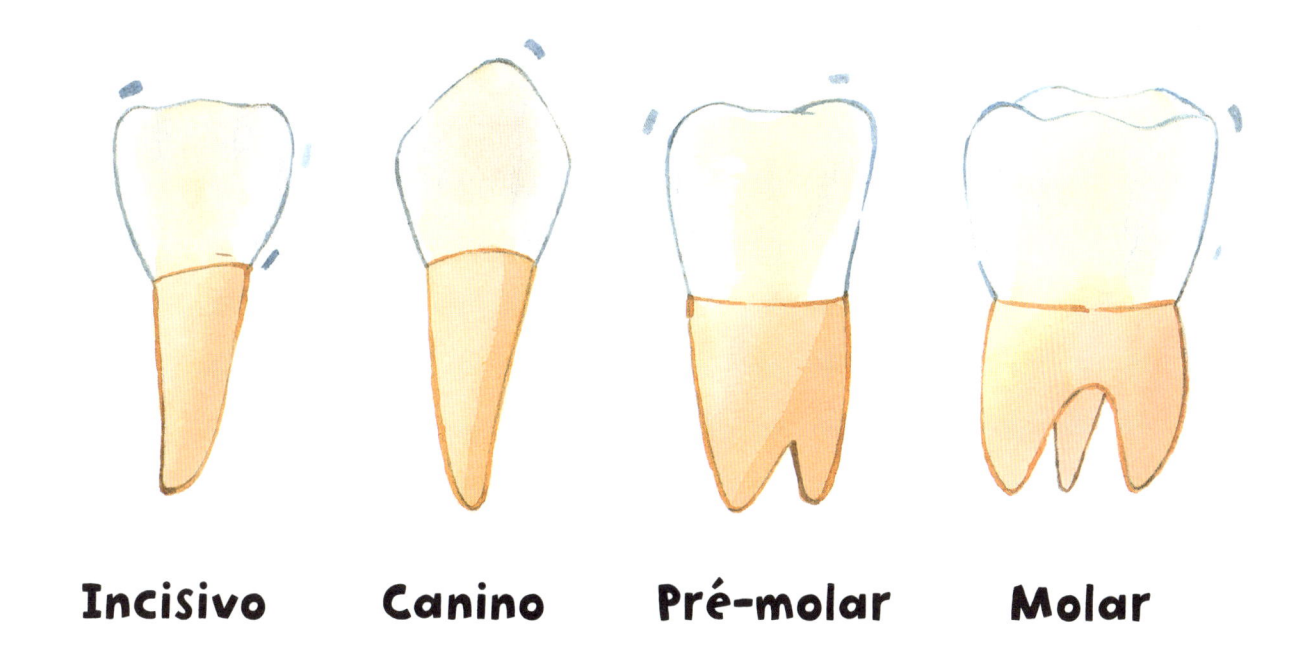

Incisivo   **Canino**   **Pré-molar**   **Molar**

Dos dentes de leite aos dentes permanentes

Ao nascer, os seres humanos não têm dentes. Estes começam a aparecer quando o bebê tem cerca de 6 meses de idade. As crianças costumam ter 20 dentes na boca até os 3 anos. Você já tem todos os seus? Esses são os dentes de leite. Ao longo dos próximos anos, eles serão substituídos por outros dentes, que são permanentes e devem durar o resto da sua vida. E mais alguns dentes vão aparecer ainda mais tarde, pois os adultos têm 32 dentes. Alguns dos seus dentes de leite já caíram? Alguns dos seus dentes permanentes já apareceram?

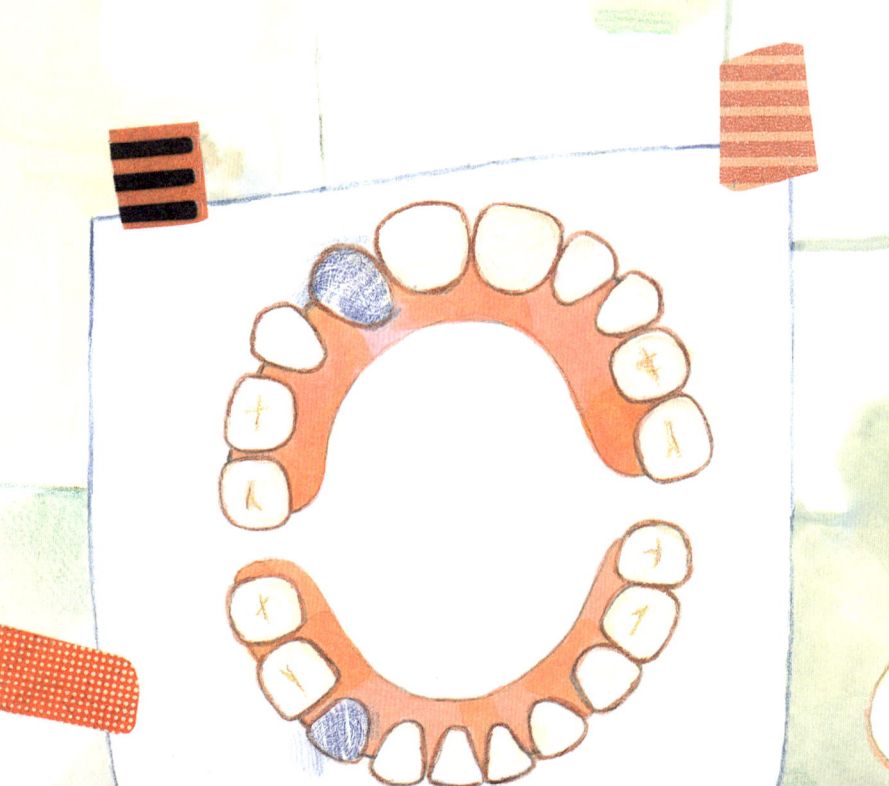

Hora da refeição: combustível para o nosso corpo

Para que o seu corpo cresça, garantindo que todas as suas células tenham energia e todos os seus músculos (e especialmente o seu encéfalo) estejam fortes e prontos, você precisa comer. A digestão começa na boca, quando os seus dentes mastigam o alimento e o misturam com a saliva. Quando o alimento está totalmente mastigado, nós engolimos. Então desce por um tubo, o esôfago, e entra no estômago, um órgão em forma de bolsa, onde o alimento é decomposto e digerido.

Esôfago

Estômago

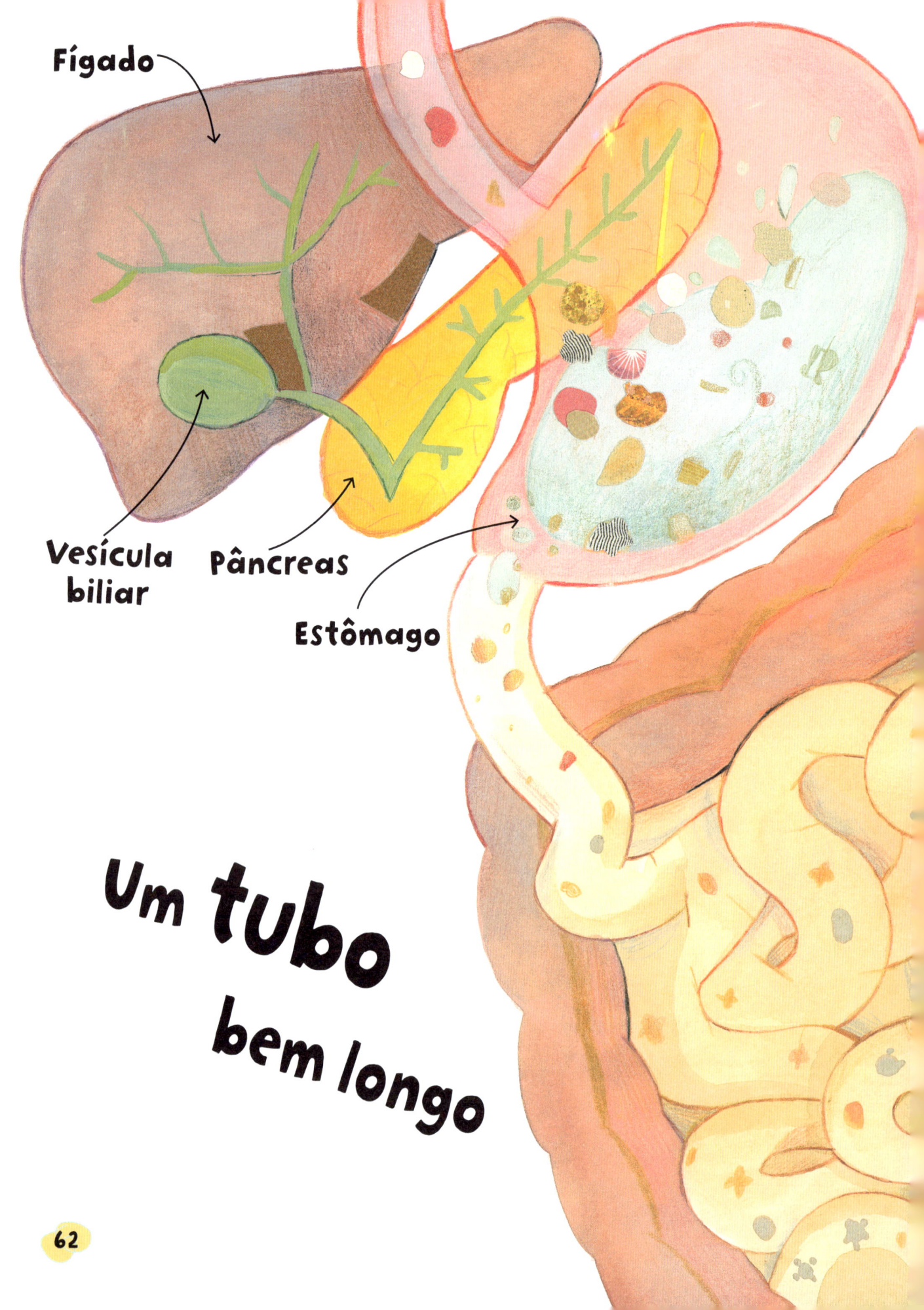

Fígado

Vesícula biliar

Pâncreas

Estômago

Um tubo bem longo

Depois que o estômago faz a parte dele, o alimento é transformado em uma pasta quase líquida, como comida de bebê. Em seguida, o alimento passa por um tubo bem longo: o intestino delgado. Alguns órgãos próximos ao intestino – o pâncreas e o fígado – produzem suco pancreático e bile, que ajudam a digerir ainda mais essa pasta. Ao longo de todo o intestino delgado, o alimento, agora em tamanho microscópico, atravessa as paredes do tubo e entra no sangue.

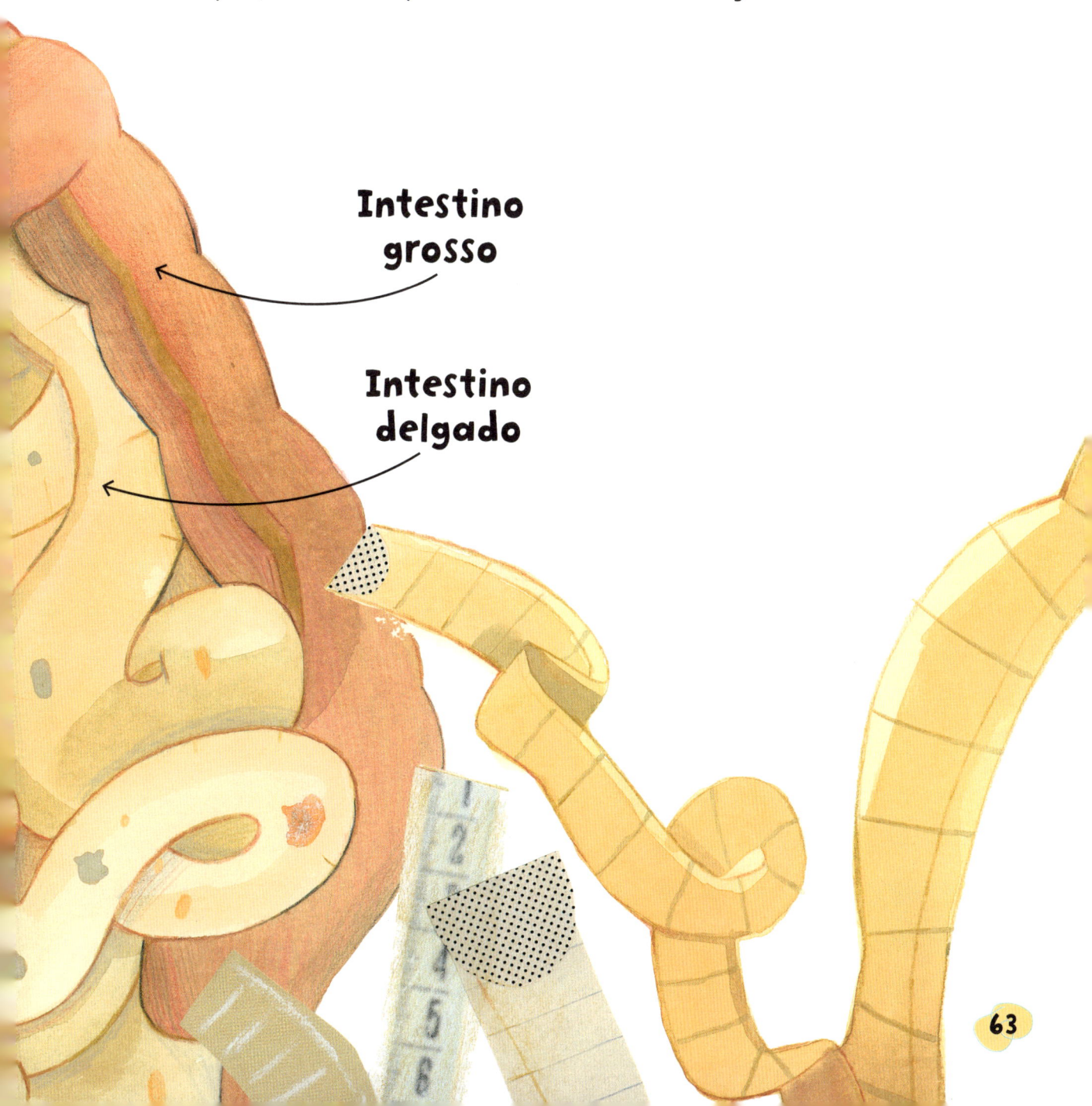

Intestino grosso

Intestino delgado

O fim da digestão

Os nutrientes (carboidratos, proteínas e gorduras) e os minerais (como o sal) entram no sangue a partir do intestino delgado. Antes de levar os nutrientes para todos os órgãos, o sangue passa pelo fígado, que procura e remove as toxinas e o "lixo" que poderiam prejudicar você. Valeu, fígado! Depois que o alimento passa por todo o intestino delgado, os resíduos que não podem ser digeridos vão para o intestino grosso. Ali, muita água é absorvida, e o resto é compactado e sai do corpo na forma de fezes.

Cereais

Proteínas

Vegetais

Uma dieta saudável é a melhor opção

Para ser saudável, você precisa comer proteínas, que ajudam os músculos a ficarem fortes; e também carboidratos (açúcares), que fornecem energia, permitem que as células funcionem corretamente e são o principal alimento para o encéfalo. Mas cuidado: não é saudável comer açúcar puro ou alimentos açucarados demais. Cereais, pão, frutas e legumes contêm carboidratos saudáveis suficientes para o seu corpo. A gordura também é importante, mas com moderação. Beba muita água e certifique-se de ingerir vitaminas, minerais e fibras suficientes (estas últimas, em especial, estão presentes nas frutas e nos legumes).

Água

Frutas

O superComputador do nosso corpo

Um dos nossos órgãos mais importantes é o encéfalo. Ele fica protegido dentro do crânio. O encéfalo contém milhões de neurônios – células muito especiais.

Os neurônios desempenham diferentes funções em diferentes áreas do encéfalo. Em uma parte, eles criam as imagens que seus olhos veem; em outra, armazenam memórias; e, por fim, os neurônios também registram dor e sensações. Incrível!

Neurônio

O melhor serviço de mensagens: OS nervos

O encéfalo controla todas as funções do corpo: tanto as coisas que você pensa em fazer quanto as que você faz sem pensar. Os neurônios e os nervos é que fazem isso. Os neurônios estão conectados uns aos outros por longos filamentos, parecidos com fios. Eles compartilham informações por meio de impulsos elétricos, chamados impulsos nervosos, que são tão rápidos quanto um raio.

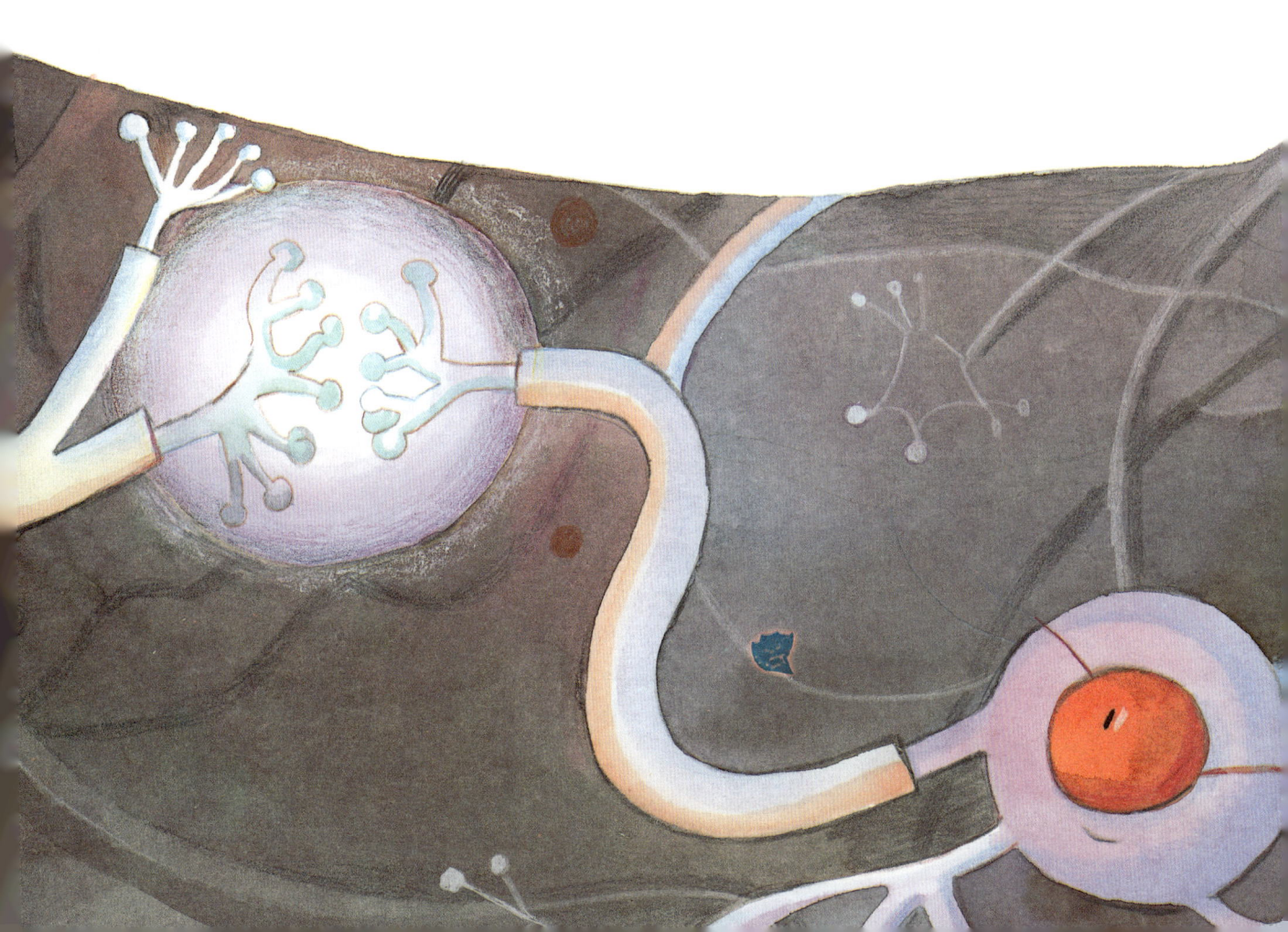

Pensar, lembrar, sentir

Embora os cientistas estudem o encéfalo há muitos anos, ainda não sabemos exatamente como ele funciona. Você armazena memórias no encéfalo porque recebe e memoriza informações todos os dias. O encéfalo também produz sentimentos: felicidade, raiva, medo... Assim, o encéfalo é responsável pela sua personalidade. Com o passar dos anos e com o aprendizado e muitos exercícios mentais, você consegue resolver problemas cada vez mais complicados.

Mais rápido que um raio

O médico já fez o teste do martelo com você? Ele bate no seu joelho com um martelinho de borracha, e sua perna chuta automaticamente. Isso é um reflexo. Ele acontece por causa de um circuito nervoso que vai direto para a medula espinal. Esses reflexos protegem você: por exemplo, se a sua mão estiver muito perto de uma chama, o reflexo dá ordem para afastar a mão imediatamente. Essa ordem é tão rápida que nem mesmo vai até o encéfalo. E você não se queima.

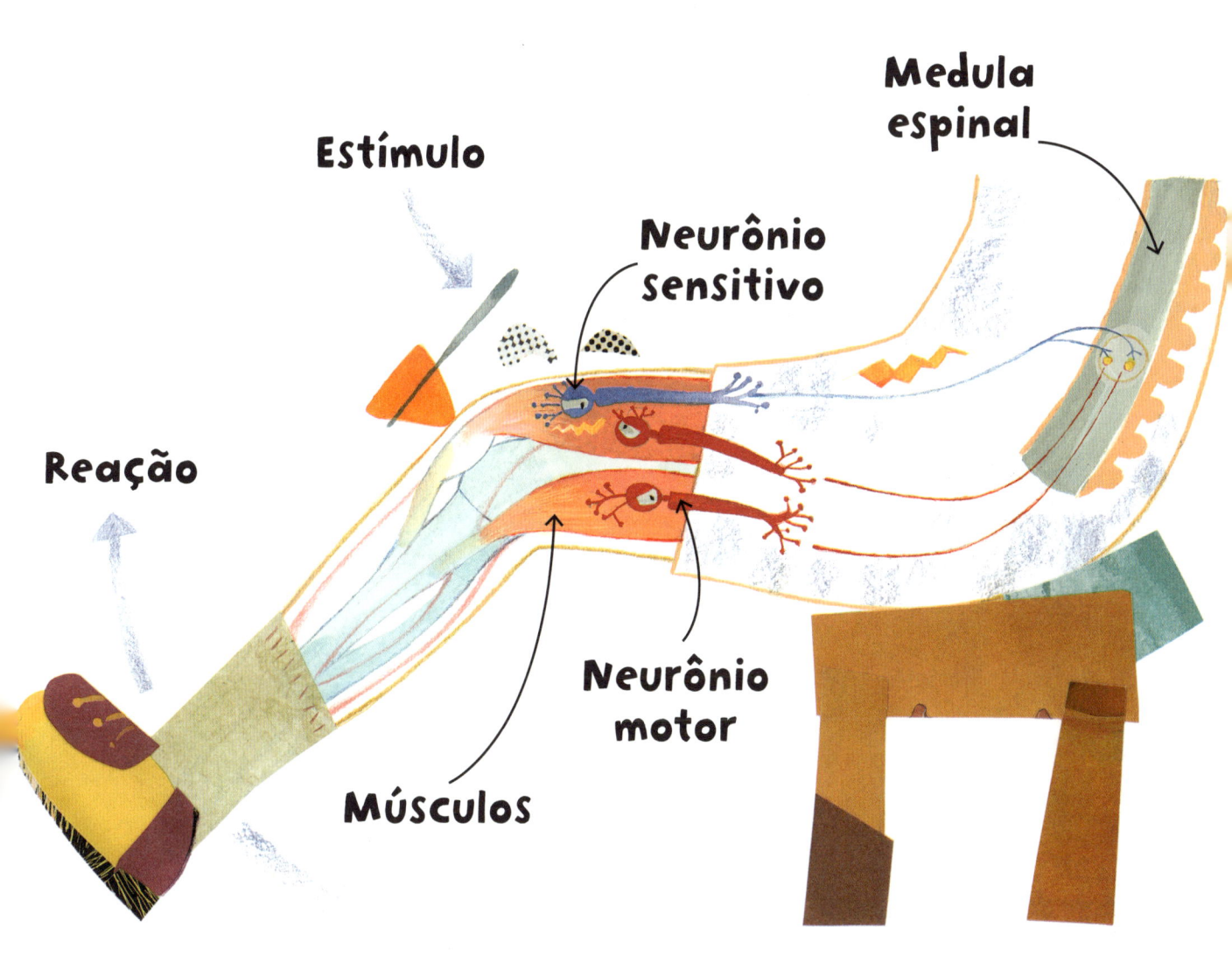

Estímulo

Medula espinal

Neurônio sensitivo

Reação

Neurônio motor

Músculos

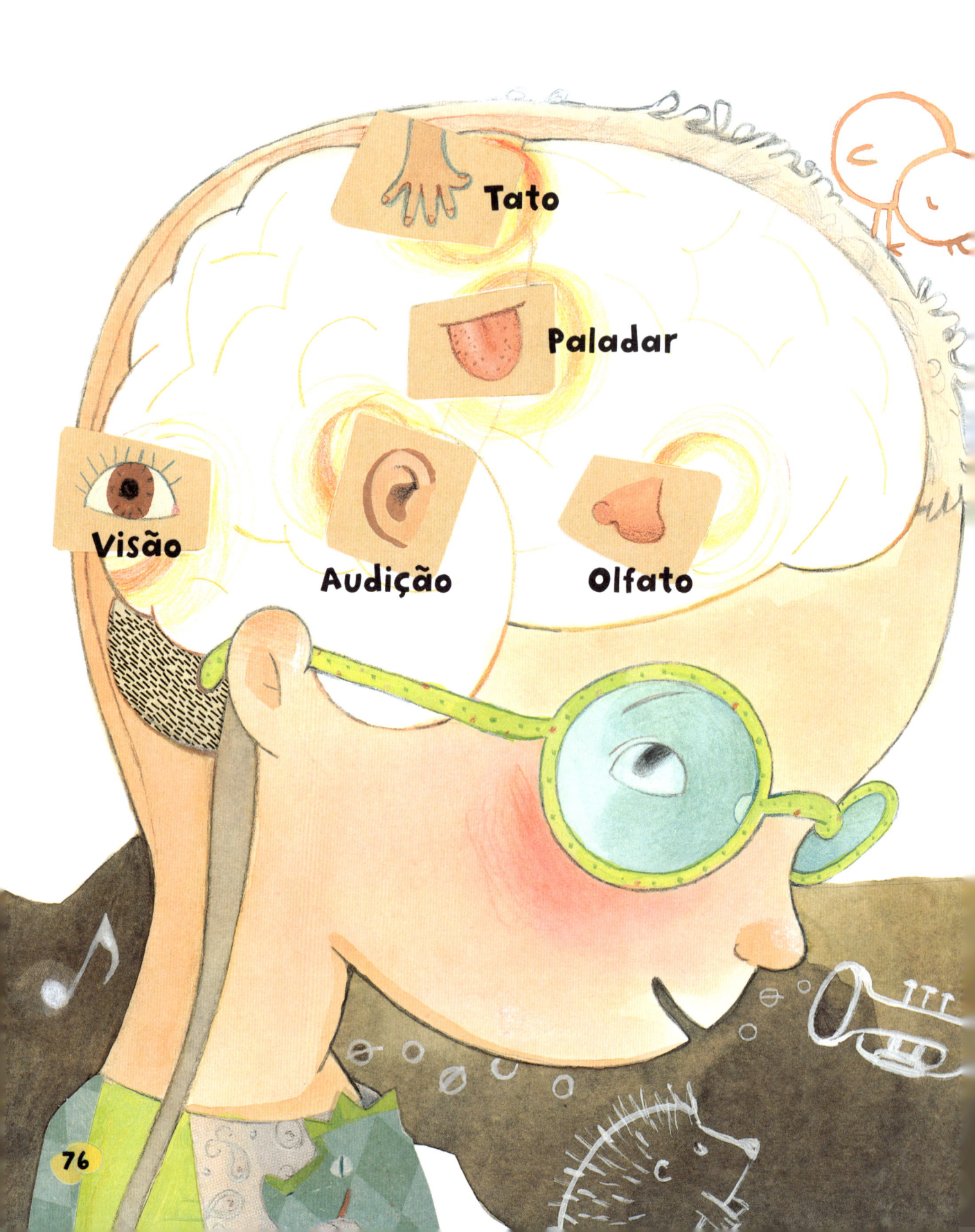

Tato

Paladar

Visão

Audição

Olfato

Sentidos para descobrir o mundo

O seu encéfalo e o restante do seu sistema nervoso têm as melhores ferramentas para aprender sobre o mundo ao seu redor: os sentidos. Você tem cinco deles e os usa para examinar e sentir coisas diferentes. Em todos os seus sentidos existem células especiais chamadas células sensoriais, que transformam estímulos do mundo exterior (imagens, sons, sabores...) em informações para o seu encéfalo.

Visão

Nós dependemos da nossa visão porque ela nos fornece muitas informações sobre o mundo ao nosso redor: cores, formas, tamanhos, distâncias... Os olhos são os órgãos da visão. A luz entra pela pupila (o círculo preto no meio do seu olho) e atravessa o olho até a parte de trás, onde está a retina. Lá, células altamente sensíveis à cor e à luz – chamadas bastonetes e cones – enviam todos esses dados ao encéfalo e, assim, você vê a imagem.

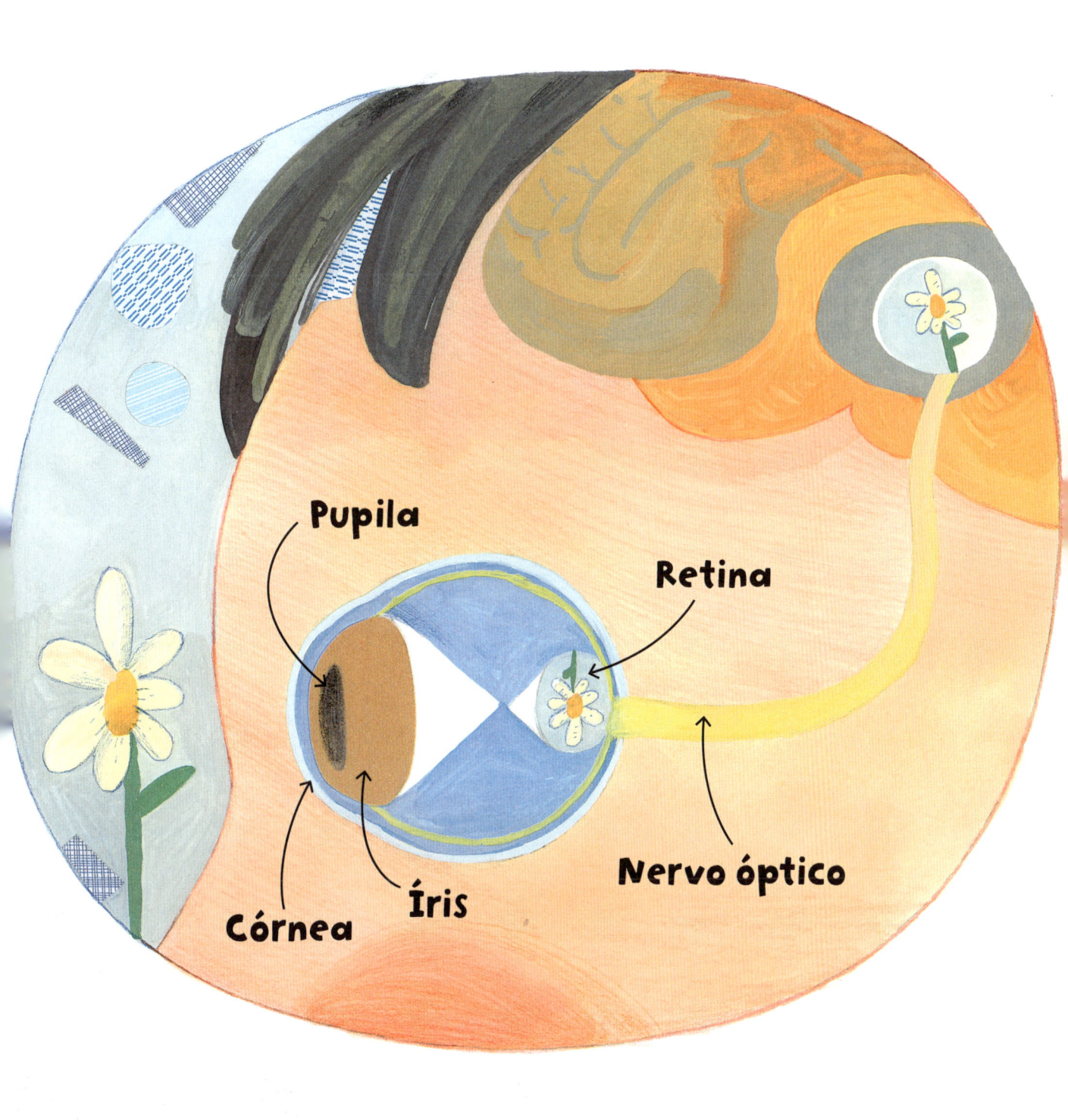

Pupila

Retina

Córnea

Íris

Nervo óptico

Audição

Quando você ouve a sua música favorita, o sentido que você está usando é a audição. O som é, na verdade, uma vibração no ar. Quando ele chega até você, entra em suas orelhas, e essa vibração passa por um túnel curto em direção ao tímpano, que é uma membrana semelhante à superfície de um tambor. O som faz o tímpano vibrar, e essa vibração é recebida por células sensoriais que enviam a informação para o encéfalo. É aí que você ouve a música.

Tímpano

Olfato

Você já disse: "Hmm... Que cheiro gostoso!" ou "Eca! Que cheiro horrível!"? Em ambos os casos, o olfato é o sentido que leva essa informação ao seu encéfalo. Os neurônios do olfato estão dentro do seu nariz, na parte superior.

Eles são muito especiais porque estão em contato direto com o exterior do seu corpo. É por isso que, quando você está resfriado e o muco bloqueia as células olfativas, você não consegue sentir cheiro nenhum. Os odores e aromas viajam pelo ar e entram pelo seu nariz até chegarem aos neurônios do olfato. Sabia que os aromas nos trazem as memórias mais marcantes?

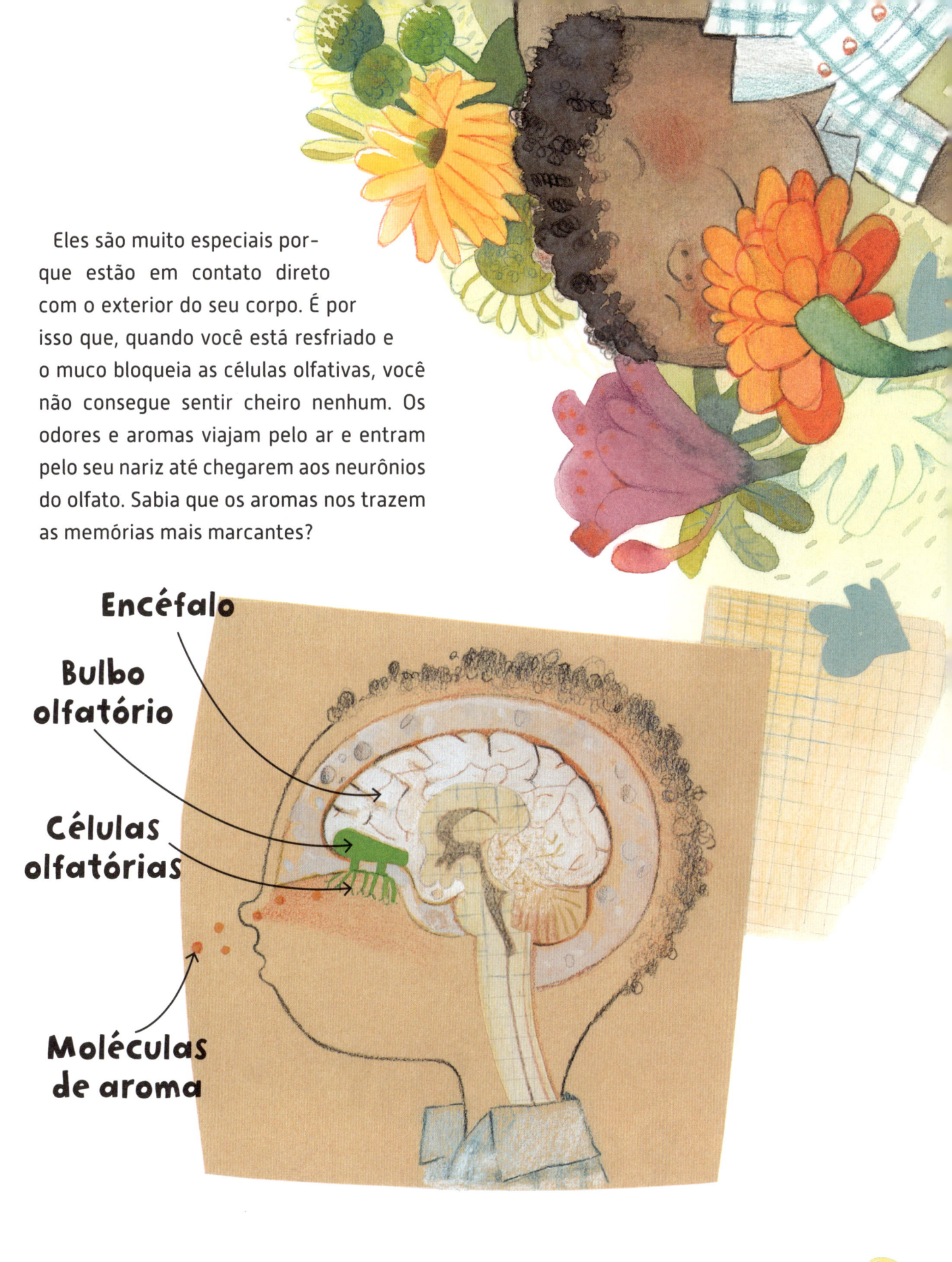

Encéfalo

Bulbo olfatório

Células olfatórias

Moléculas de aroma

Paladar

Papilas gustativas

O paladar é o sentido que nos permite saber o sabor dos alimentos. Quando você come ou bebe algo, a sua língua detecta se é doce, salgado, amargo ou azedo. Ela também percebe se o alimento está muito quente ou muito frio, e se é macio, duro ou mastigável. Existem pequenos relevos especiais na sua língua – as papilas gustativas –, que são sensíveis aos sabores. Você tem milhares delas e pode vê-las. Sabia que umami é o quinto sabor? Peça aos seus pais ou a alguém mais velho para ajudar você a descobrir o que é "umami". Você vai se surpreender!

Tato

Faça um experimento: coloque a mão em uma bolsa cheia de objetos diferentes; escolha um deles e toque-o. Quantas coisas você pode dizer sobre esse objeto antes de tirá-lo da bolsa e olhar para ele? Muitas! Você consegue determinar a forma e o tamanho dele. Também vai saber se é macio ou duro, quente ou frio, se está seco ou molhado... O tato é o sentido que lhe permite entender mais sobre as coisas que você toca. Existem neurônios sensitivos de tato na sua pele, especialmente nas palmas das mãos, nas solas dos pés e nos lábios.

O maior órgão do seu corpo

Você sabe qual é o maior órgão do seu corpo? Você pode estar pensando que é o coração ou o encéfalo; mas, na verdade, a pele é o maior órgão de todos. A pele cobre todo o seu corpo, da cabeça aos pés. Ela tem muitas camadas, que estão sempre crescendo em direção à superfície e se renovando o tempo todo, mesmo que você não perceba. A lista de funções desempenhadas pela pele é enorme, mas a sua função mais importante é proteger todos os outros órgãos e células do corpo.

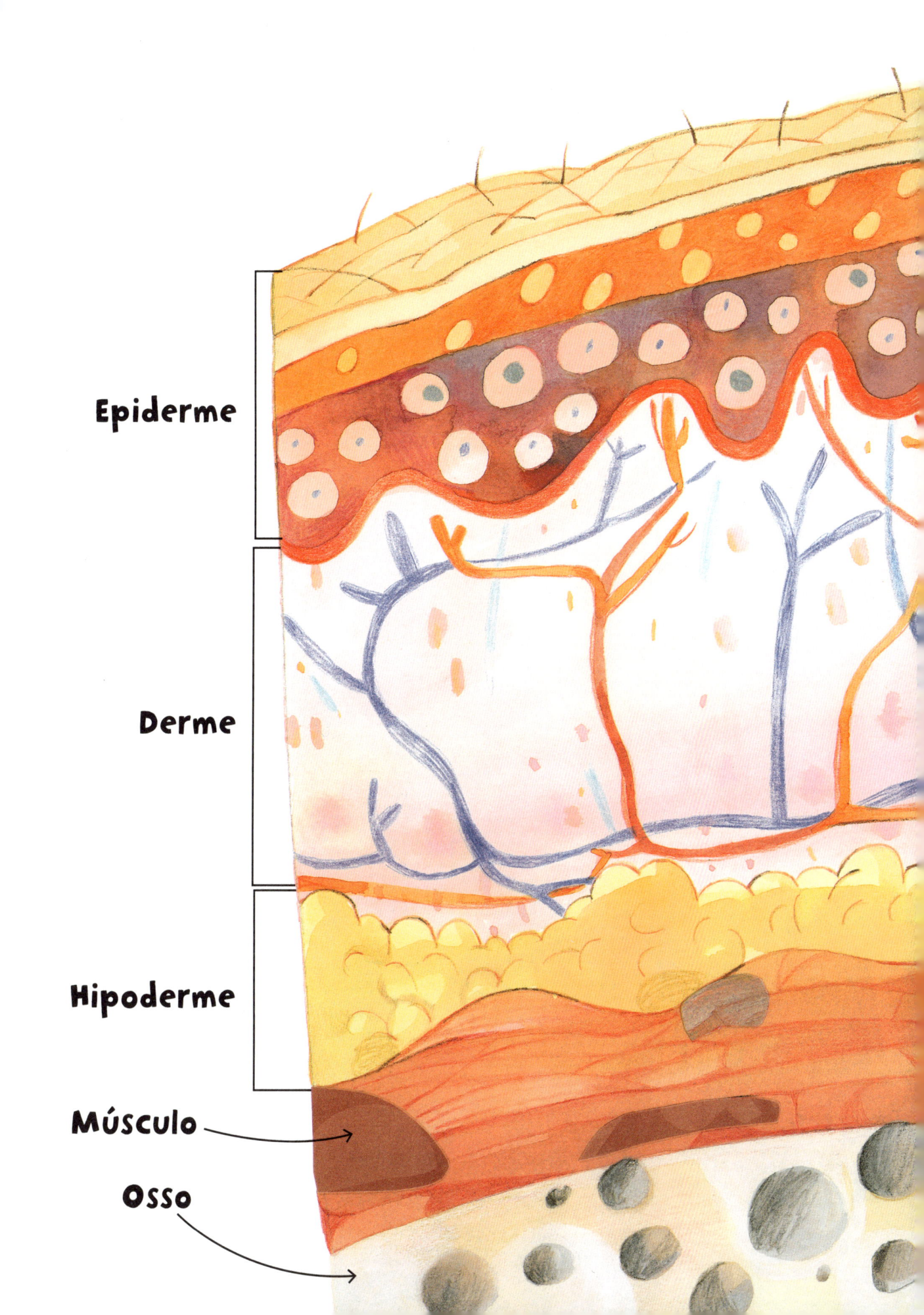

Epiderme

Derme

Hipoderme

Músculo

Osso

Cuidado com o sol!

A pele é impermeável. Isso significa que a água não a atravessa. Ela é também uma barreira contra micro--organismos, que só podem entrar quando você tem um corte na pele (felizmente, os leucócitos conseguem cuidar do corte!). A pele também pode ficar mais escura para proteger você da luz do sol. Mas cuidado para não exagerar: não fique no sol por mais de quinze ou vinte minutos e use protetor solar quando for à praia.

Cabelo e unhas:
nunca param de crescer

Entre as células da sua pele existem algumas que têm funções muito especiais. Para começar, há milhares de células sensoriais para o tato e outras que são sensíveis à dor.

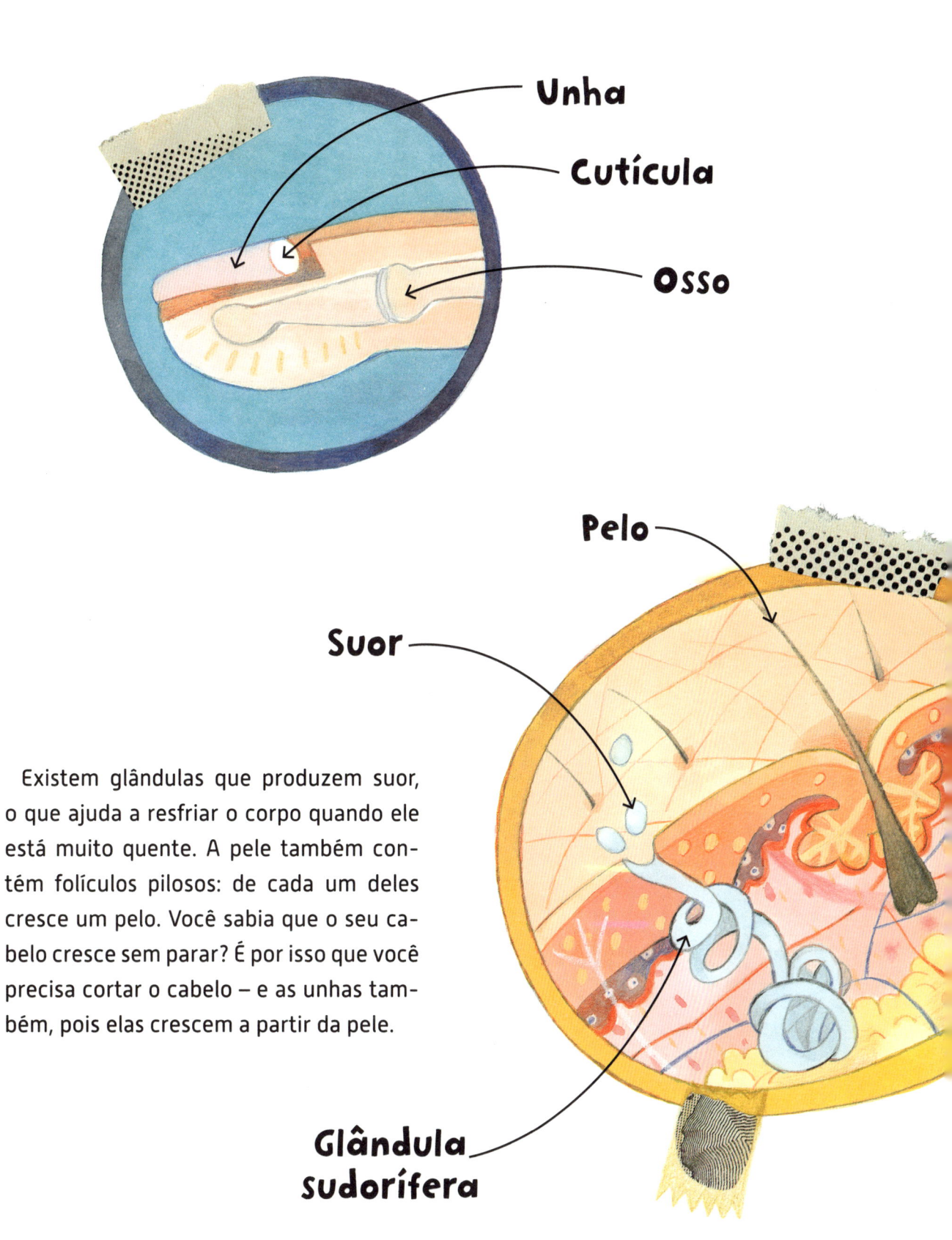

Unha

Cutícula

Osso

Pelo

Suor

Existem glândulas que produzem suor, o que ajuda a resfriar o corpo quando ele está muito quente. A pele também contém folículos pilosos: de cada um deles cresce um pelo. Você sabia que o seu cabelo cresce sem parar? É por isso que você precisa cortar o cabelo – e as unhas também, pois elas crescem a partir da pele.

Glândula sudorífera

Para que serve o umbigo?

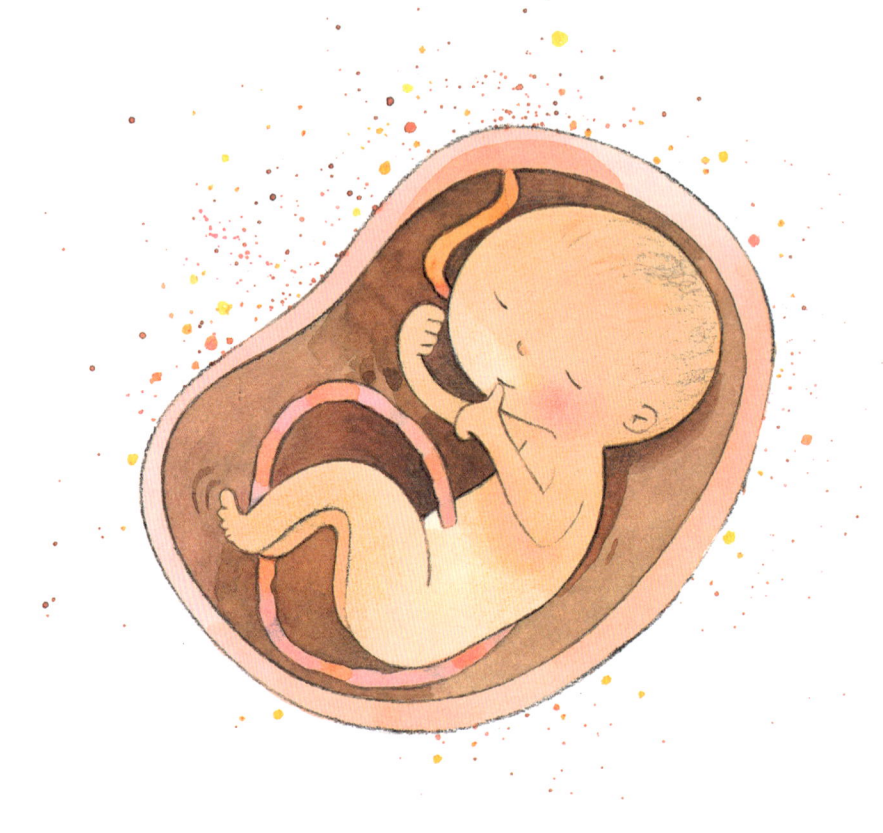

Você sabe como era antes de nascer? No começo, uma célula do seu pai, o espermatozoide, se juntou a uma célula da sua mãe, o óvulo, formando um embrião na barriga da sua mãe. Foi assim que a gravidez começou. O embrião cresceu durante nove meses, e muitas células e órgãos se formaram: você estava se formando! O umbigo nos conta a história de como você recebeu alimento dentro da barriga da sua mãe. Através de um tubo muito especial chamado cordão umbilical, a sua mãe lhe deu alimento e oxigênio. Quando você nasceu, não precisava mais do cordão umbilical, e o umbigo é a única lembrança do tempo que você passou dentro da sua mãe.

Dados Internacionais de Catalogação na Publicação (CIP) de acordo com ISBD

A394m   Algarra, Alejandro

        Maravilhas do corpo humano / Alejandro Algarra ; ilustrado por Marta Fàbrega; traduzido por Monique D'Orazio. - Jandira, SP: Ciranda Cultural, 2023.
        96 p.; 20,10cm x 26,80cm.

        Título original: Wonders of the human body
        ISBN: 978-65-261-1135-2

        1. Literatura infantil. 2. Corpo humano. 3. Diversão. 4. Descoberta. I. Fàbrega, Marta. II. D'Orazio, Monique. III. Título.

                                   CDD 028.5

2023-1625   CDU 82-93

Elaborada por Lucio Feitosa - CRB-8/8803

Índice para catálogo sistemático:
1. Literatura infantil 028.5
2. Literatura infantil 82-93

© 2019 Gemser Publications, S.L.
C/ Castell, 38; Teià (08329), Barcelona, Espanha
Título original: *Wonders of the human body*
Texto © Alejandro Algarra
Ilustrações: Marta Fàbrega
Projeto gráfico: Estudi Guasch, S.L.

© 2023 desta edição:
Ciranda Cultural Editora e Distribuidora Ltda.
Editora: Elisângela da Silva
Tradução: Monique D'Orazio
Preparação: Karina Barbosa dos Santos
Revisão técnica: Cláudio Chagas
Revisão: Thiago Fraga, Angela das Neves e Layane Almeida
Diagramação: Sabrina Junko

1ª Edição em novembro de 2023
www.cirandacultural.com.br